TREIZIÈME LETTRE

D'ICILIUS *.

> Mahomet lui cria d'une voix terrible : O enfant de
> Haschem ! tu n'oses approcher du feu par crainte de
> la mort, et tu ne vois pas que le déshonneur est une
> blessure mortelle !
>
> (ABIVARDI, poète musulman.)

C'est un malheur pour un gouvernement d'avoir été fondé par des moyens tout différens de ceux qui peuvent le maintenir.

La naissance de l'Empire était toute militaire, la restauration était d'origine étrangère, et le régime actuel est le fils d'une insurrection ; mais ni la guerre, ni l'invasion, ni l'insurrection, ne sont des moyens de gouvernement ; on ne règne point avec des émeutes ; il faut à la politique, non des forces violentes, mais des forces permanentes ; rien ne sert d'être emporté jusqu'au haut des airs par le tourbillon d'un orage, si l'on doit, l'instant d'après, en retomber faute d'appui.

Si l'Empire eût vécu, force eût été à lui de sacrifier l'armée qui l'avait créé à la nation qui ne voulait plus de guerre. La restauration, dans ses momens de bon sens, avait senti le besoin de se faire nationale ; le régime actuel s'est aussi em-

---

pressé d'en finir avec ce qu'il appelle l'héroïsme de juillet.

Il n'y a point à blâmer le ministère actuel d'avoir nettement rompu avec la partie démagogique de la révolution, car une conduite opposée l'eût infailliblement perdu ; s'il eût associé à l'exercice du pouvoir cette masse aveugle et sauvage qui avait contribué à le lui donner, il eût, par là même, abdiqué en faveur de l'anarchie ; car là où cette masse est admise, elle domine ; là où elle entre en partage de quelque chose, elle prend tout ; ainsi, le gouvernement qui lui eût donné satisfaction n'eût pas détruit le privilége politique, il l'eût seulement déplacé et transporté d'une extrémité de la société à l'extrémité opposée ; la basse classe eût remplacé la haute dans la domination du pays, mais le pays lui-même n'eût pas été rendu à la liberté.

Le tort du gouvernement n'est donc point d'avoir répudié un certain appui, mais de l'avoir répudié sans se donner le véritable.

Il a cru avec toute raison que tous ceux qui avaient figuré dans le drame de juillet ne l'avaient point composé, et qu'ils pouvaient fort bien n'en pas sentir sa portée ; mais il a commis une faute en traitant les auteurs de la pièce comme les acteurs qui l'avaient jouée sans la comprendre.

Nous pensons qu'il ne pouvait éviter certaines inimitiés , car son avénement avait éveillé des passions basses qu'il ne pouvait satisfaire, et qui devaient se venger sur lui de leurs mécomptes ; mais nous croyons qu'il pouvait réduire ses ennemis à se taire ou à mentir, tandis qu'il en a qui parlent haut et qui ne mentent pas toujours.

En outre , il devait se mettre en état d'opposer à la plainte des brutes de la révolution la satisfaction des hommes d'intelligence qui l'eussent neutralisée ; et, au contraire, il a forcé ceux-ci de se plaindre avec les autres, en sorte qu'il a contre lui le corps et l'âme de la révolution sans trop pouvoir compter sur le reste de la nation, dont la force est inerte.

Le juste-milieu se croit fermement dans la position de Guillaume III, et, suivant nous, il se trompe ; car la révolution d'Angleterre était plus religieuse que politique, et le prince d'Orange pouvait sans risque arrêter le mouvement libéral , parce qu'il se mettait franchement à la tête de la révolution religieuse.

Nous pensons au contraire que le gouvernement actuel s'est mis et s'endort doucement dans la situation trompeuse où la restauration fut surprise au 20 mars, quand, réveillée en sursaut à la terrible apparition du revenant de l'île d'Elbe, elle s'évanouit.

Il a comme elle l'extérieur et non la réalité du pouvoir; il obtient l'obéissance et non l'affection; il n'excite aucune sympathie morale; il est acccepté, non pour lui, mais en haine du passé et par crainte de l'avenir; il est comme ces masses de neige que l'hiver adosse aux flancs des Alpes, mais qui ne font point corps avec elles; il manque de base, il pend sur un abîme, et il y roulera comme une avalanche.

Non-seulement le gouvernement s'est privé de l'appui numérique que pouvait lui prêter le parti intelligent de la révolution; mais il s'est aussi privé du fruit de ses conseils, et il a perdu tout-à-la-fois une bonne armée et un bon plan de campagne.

On n'a point à lui reprocher d'ignorer sa position.

<hr>

CRATERUS.	LE MONTAGNARD.
Vous devriez punir ceux qui vous blâment avec cette insolence.	Avez-vous été roi?
PHILIPPUS.	LÉAR.
Voyons d'abord si nous ne leur en avons pas donné sujet.	Roi? non, mais je fus père.

Le gouvernement signale avec raison comme un désordre le mépris où sont tombés la royauté, la loi et le serment; il gémit sur l'affaiblissement des croyances religieuses, des convictions politiques et des traditions d'honneur, c'est-à-dire de tout ce qui constitue la force réelle des sociétés; mais après avoir écouté ses aveux et ses doléances, on est bien tenté de lui demander confidentiellement si lui - même il croit à toutes ces choses, et s'il est étranger au mal dont il se plaint et dont il nous accuse.

Sa royauté, je parle de la sienne, a-t-elle eu toujours le sentiment profond de sa dignité? son ministère a-t-il été constamment légal? ses pairs et ses députés sont-ils des hommes d'une seule foi et d'un seul serment?

Sa naissance n'est qu'à moitié légitime; son droit, c'est le vœu du pays; mais ce vœu, pour beaucoup de personnes, n'est qu'une conjecture; sa fidélité aux promesses de juillet est mise en doute par ceux même qui les ont reçues; et quant à ses fonctionnaires, les croit-il gens à s'ouvrir les entrailles comme autant de Catons, pour ne pas survivre à sa chute?

Le ministère actuel est un homme d'esprit, sans doute, et qui a beaucoup ôté à la fortune par la prudence. Il entend les affaires, il manie bien la cire parlementaire; son habileté, enfin, n'est mise en doute par personne; mais, à notre humble avis, s'il a quelque chose de Machiavel, il n'a rien de Washington; il n'est point un homme au cœur pur, un homme à hautes pensées, et qui ait par sa foi au beau moral la puissance des grandes choses.

On lui a demandé vainement quelques-unes de ces belles inspirations qu'avait Buonaparte, et ce langage franc et généreux qui va si profondément au cœur des peuples. Ses vues, ses actions, ses paroles ont quelque chose de mesquin et de froid ; il semble n'envisager les choses humaines que du côté matériel, et ne vouloir agir sur les hommes que par leurs vices. On s'afflige de lui voir témoigner autant de joie de la honte d'une femme qui lui profite, que de chagrin de la noble insurrection polonaise qui le contrarie ; on dirait que ce qu'il veut, ce n'est point de gagner ses adversaires, c'est de les perdre. De là vient qu'en l'entendant tous les jours appeler le juste et proclamer un Aristide, bien des modernes Athéniens disent : Cela nous ennuie.

Il s'ensuit, qu'il a toute la force que donne le talent, mais qu'il n'a point celle que donne le caractère, et qu'il est plus capable de remédier au désordre matériel de la société, que de protéger ses intérêts moraux. Il s'ensuit qu'il parle haut aux roitelets de Hollande et de Portugal, et très bas au czar de Russie. Le lion, disent les Indiens, est un noble animal, car il méprise le cri du faible jackal et ne s'irrite qu'au bruit de la foudre.

Quand donc le gouvernement fait si durement l'examen de conscience de l'opposition constitutionnelle, celle-ci a le droit de lui dire comme dans la fable : Il est bon que chacun s'accuse ainsi que moi, car on doit souhaiter selon toute justice, que le plus coupable périsse ou du moins se corrige.

Toutefois, il n'entre aucunement dans notre pensée d'adresser au gouvernement les reproches qu'on lui fait tous les jours ; car nous remarquons qu'il a tiré presque toute sa force des attaques mêmes de ses ennemis.

Les uns, en invoquant contre lui le courroux des légitimités de la sainte-alliance, ont fait craindre au pays tous les malheurs d'une invasion.

Les autres, en demandant le suffrage universel, ont fait redouter aux hommes sensés l'intervention de la populace.

Ceux-ci ont prétendu lui enseigner la légalité, la douceur et la clémence, en lui tirant des coups de fusils.

Ceux-là se sont plaint qu'il oubliât les promesses de l'Hôtel-de-Ville, et ils ont eux-mêmes oublié le respect dû aux lois et leurs devoirs de citoyens.

Enfin il y a eu des gens d'une justice assez intrépide pour signaler tous ses actes comme autant de fautes ou de crimes, et d'autres assez judicieux pour entreprendre sa conversion par des paroles évangéliques.

Une opposition ainsi faite, n'a pu lui causer grand préjudice, et nous voudrions donner à la nôtre un autre caractère ; au lieu de nous évertuer à prouver au gouvernement qu'il est un sot ou un méchant , ce qu'il s'obstinera certainement à ne pas croire, nous désirons au contraire faire briller à tous les yeux la merveilleuse habileté de son ambition et sa parfaite intelligence de ses intérêts particuliers ; et cela , afin d'inspirer au pays lui-même une salutaire émulation, et de le porter par l'exemple de ses chefs à soigner ses affaires personnelles. Dans notre revue des succès obtenus par les diverses branches du gouvernement, nous commencerons par ceux de la royauté. Certes il y aurait injustice à nier les services qu'elle a rendus au pays , mais il y aurait aussi par trop de bonhommie à ne voir dans sa conduite que du patriotisme.

❖

L'AUDITEUR AU CONSEIL D'ÉTAT.

Vous aimez le pathétique, les coups de théâtre, la politique à effet.

LE VIEILLARD.

Nullement. Le gouvernement représentatif ne doit pas être une représentation du gouvernement; mais nous aimons en France que nos chefs aient de la dignité, de belles poses, un langage élevé. L'admiration qu'ils excitent nous relève à nos propres yeux ; nous nous consolons de notre petitesse par la grandeur de ceux qui nous représentent.

(Fragment.)

« En ce temps-là, dit le prophète, je fus transporté en esprit au sommet d'une vieille tour élevée au milieu de Babylone, et de là j'aperçus une grande multitude d'hommes de tout âge et de toute condition qui se répandait dans les rues et se rassemblait sur les places publiques, au son de la trompette guerrière , demi-nue , tumultueuse et sans chefs; je la vis marcher à la rencontre d'un ennemi qui avait sur elle l'avantage de la position, de la discipline et des armes. Ni la vue des glaives nus, ni le bruit de la foudre ne l'arrêtèrent. Terrassée cent fois, elle se releva, toujours plus terrible; écartant ou brisant les obstacles, elle alla sa route; il me sembla reconnaître dans la mêlée des figures spartiates, et ouïr des mots que j'avais ouïs dans Rome. Au moment où la lutte était le plus animée et où le sang enivrait les combattans, une main inconnue agita dans les airs un drapeau déroulé depuis moins d'un demi siècle et déjà vieux du nombre de ses victoires, et j'entendis une voix qui disait : « Va, mon peuple, va, fais un dernier effort; épuise, en défendant la plus belle des causes, ce que tu as de forces et d'audace; ne recule devant aucun sacrifice; ne te laisse effrayer par aucun péril; et quand tu auras accompli ton œuvre, quand tu auras obtenu le triomphe qui doit assurer ta liberté, un homme arrivé sur le champ de bataille après la bataille, un homme dont le mérite sera pour toi une supposition, un membre de cette famille que tu auras bannie se fera prier longtemps par tes chefs les plus dignes de garder le commandement, pour accepter seul le pouvoir conquis par eux, et qu'il emploiera à ruiner leurs espérances. »

Voilà le point de vue sous lequel les ennemis du gouvernement présentent son avénement et sa conduite ; mais là où ils signalent une déception qui peut être niée ou affirmée, nous reconnaissons, nous, une habileté incontestable.

Certes, un prince qui a pu faire et surtout nous faire faire tant de chemin depuis la révolution, n'est point un homme ordinaire, et nous pensons, avec son meilleur ami, que parmi les rois de l'Europe il y en a peu qui aient l'étoffe d'un d'Orléans.

L'espace que parcourent les médiocrités royales, son génie a su le franchir, et pourtant toute sa force était primitivement dans ceux qu'il voulait renverser, et il devait tirer de la révolution elle-même les moyens de la réprimer.

Qu'il ait eu tort ou raison, c'est une autre question ; mais ce qui n'en est pas une, c'est la dextérité dont il a fait preuve.

Deux mots sur le passé.

La pensée des vainqueurs de juillet avait d'abord été d'étendre au dehors les bienfaits de leur victoire, et de lancer la foudre qui avait frappé Charles X, sur d'autres rois qui assurément valaient moins que lui.

Mais le roi de juillet, qui aimait mieux se mettre dans la position des rois de la sainte-alliance que dé mettre ceux-ci dans la sienne, chercha à sauver les monarchies anciennes dont il voulait faire un appui pour la nouvelle, et malgré les difficultés de son entreprise, il sut la mener à bien.

Ce n'est pas tout.

La France, qui n'avait pas compris je crois toute la portée des premières concessions faites à la dynastie, s'attendait encore à la guerre; elle y était portée par une espèce d'instinct qui est le bon génie des peuples. Le gouvernement se garda bien de la détromper, et lui aussi parla de guerre, comme pour avoir l'entreprise des précautions, il laissa croire au péril; on lui offrit pour l'écarter, de l'argent et une armée; lui, bon homme et sans réflexion aucune, accepta l'un et l'autre; or vous savez ce qui arriva : la paix fut maintenue, et l'armée, au lieu de faire la campagne de Prusse, fit celle de Lyon, de Grenoble et d'autres lieux. En résumé, le pays eut les charges de la guerre et n'en eut point les chances glorieuses; et au contraire le gouvernement toucha les fonds de la guerre et esquiva la dépense.

Allons plus loin :

Quand la révolution belge éclata, chacun de nous y vit une occasion admirable d'acquérir une province et de recouvrer des frontières. La royauté de juillet, qui craignait d'éveiller les réclamations de la sainte-alliance, nous imposa la peine de ses frayeurs, et renonça, au nom de la France, à ce qui devait rendre la France inattaquable.

Nous eûmes bien quelque peine à comprendre la nécessité d'un pareil sacrifice ; mais quand nous le vîmes servir à concilier au roi de juillet l'amitié des rois alliés, et à donner un établissement à une princesse d'Orléans, nous ne fûmes plus en doute sur l'habileté de ceux qui tiraient ainsi parti des événemens.

Rien n'a plus contribué à ruiner la révolution de juillet dans l'esprit des peuples que son refus de secourir les patriotes de Pologne, d'Allemagne, d'Italie et d'Espagne ; eh bien! rien au contraire n'a mieux servi le gouvernement actuel auprès des rois de la sainte-alliance que le refus de propager les révolutions.

Au moment où nous déplorions la mort des libéraux d'Italie, le gouvernement qui réprimait leurs efforts à Ancône, acquérait des droits à la reconnaissance du pape et se faisait de ce dernier un allié auprès du clergé de France. Conclusion : partout où nous avons échoué, il a réussi.

Après avoir comprimé la révolution, il restait à ôter à ses chefs l'autorité ministérielle. Les La Fayette, les Bignon, les Laffitte, les Odilon-Barrot furent éloignés des affaires qu'ils avaient cessé de comprendre.

On sentit néanmoins qu'on devait à leurs services un témoignage de reconnaissance. Les journaux ministériels furent chargés de le leur payer.

Délivré de ses ennemis, le gouvernement chercha à s'environner d'amis ; les colléges électoraux furent convoqués et donnèrent une chambre de députés dont la composition fut pour la royauté un véritable coup du ciel.

Elle était honnête : on se fit honneur de sa probité ; elle était incapable : on en fit une dupe.

Allons plus loin encore.

Charles X avait une pairie héréditaire , et c'était beaucoup; la royauté de juillet se fit voter, elle, une pairie ministérielle, ce qui était mieux. Charles X avait, dans son article 14, un arbitraire équivoque ; le gouvernement de juillet, par sa manière d'entendre l'état de siége , se donna la plénitude même de l'arbitraire , sans en abuser, il est vrai, parce qu'il est homme sage , mais en le tenant en réserve , parce qu'il est homme de précaution ; enfin, pour remplacer les jésuites , il trouva les doctrinaires.

A dater de ce moment Tamerlan fut à cheval, et les Bajazets libéraux , sur le dos desquels il était monté , furent, à coups de fourches, renvoyés dans leur loge.

Nous ne voulons point adopter l'opinion que l'on s'est faite dans un certain monde des économies royales; les accusations qui portent sur ce point sont trop exagérées pour être justes, et trop personnelles pour être décentes; mais nous pouvons dire, sans blesser ni la vérité ni les convenances, que le terrain de la royauté ne dépérit point dans les mains du jardinier de Neuilly, et que sans y rien semer il en tire d'assez bonnes récoltes.

De tout cela nous concluerons que si la royauté s'est occupée de nos affaires, elle s'est aussi occupée des siennes ; qu'elle a fait du bien au pays, mais seulement le bien qu'elle a cru compatible avec son intérêt, et que sa conduite est une leçon pour nous.

***

> Faites en sorte de plaire au feu, de plaire à l'eau, de plaire à la terre, de plaire à l'air, de plaire aux arbres, et de mériter leurs bienfaits.
>
> (ZOROASTRE, *Vendidad sadé fargard*, 9.)

> C'était chose récréative de voir ces Turcs tomber les uns sur les autres et se pousser mutuellement dans les précipices ; c'était un spectacle assez amusant et délectable.
>
> (RAYMOND D'AGILES.)

Le parti doctrinaire qui occupe le ministère et l'administration a partagé les succès de la royauté.

Formé sous le ministère Decazes, il est resté aux affaires après la chute de son patron. Au lieu de lier sottement sa fortune à celle d'un seul gouvernement, il a pris le parti habile de les exploiter tous à mesure qu'ils passent et qu'ils tombent les uns sur les autres ; son ambition, à lui, est d'obtenir la ferme générale des emplois publics. Comme d'autres entreprennent le service des vivres, il entreprend, lui, le service administratif et politique. A chaque révolution, il est venu faire ses offres ; il a présenté à chaque ministère ses échantillons de gouvernement ; il a eu d'abord la fourniture des idées libérales, puis il a vendu du régime légal, de la légitimité, de la quasi-légitimité à tous ceux qui ont voulu le payer. L'empire, la restauration, la révolution de juillet ont passé ; les Richelieu, les Decazes, les Villèle, les Martignac, les Polignac, les Perrier, ont régné tour à tour ; mais son règne, à lui, n'a point de fin ; une fois monté au ciel politique, il y a la vie éternelle.

MÉDÉE.

Moi, moi, dis-je, et c'est assez.

Est quædam flere voluptas.

Voyez le parti de l'émigration : celui-là aussi a compris ses intérêts matériels ; et, chose étrange ! ses malheurs sont devenus pour lui une ressource ; il s'est fait de sa misère passée une belle fortune actuelle. Au retour des pays étrangers, il avait pleuré aux pieds de l'usurpateur ; plus tard, il pleura aux pieds de Louis XVIII ; il y a trois ans, il pleurait aux pieds de Charles X. Ses larmes fécondes lui ont valu des forêts, des pensions sans nombre, et enfin le fameux milliard. Il est bon de le répéter, ce parti a eu, sous trois règnes, le monopole des consolations; aussi est-il comme une autre Rachel, il ne veut pas être consolé.

***

J'échapperai malgré les dieux.

(AJAX.)

Comme la tortue se retire et se cache dans son écaille,
ainsi le sage doit se replier sur lui-même.

(BAGHAVA GHETA.)

La pairie, malgré tous ses malheurs, n'a pas eu celui de perdre sa fortune; ainsi, quand sa raison se troublait sur tout le reste, sa présence d'esprit pour la défense de ses intérêts matériels était admirable. Si elle n'a pu sauver ses bienfaiteurs, elle a su au moins sauver leurs bienfaits : *là où était son trésor, là aussi a été son cœur.* A chaque révolution qui emportait une dynastie ou un ministère, elle s'est dit avec une résignation douce : Que tout ce qui doit mourir aille à la mort ! Mais le brevet de ses pensions, mais sa dotation, mais son vrai livre d'or, elle l'a sauvé.

Le poëte portugais tombé à la mer, nageant d'une main, tandis que de l'autre il tient le manuscrit de sa *Lusiade* élevé au-dessus des eaux, voilà l'image de la pairie française, qu'on a vingt fois jetée à la mer, et qui vingt fois s'est sauvée à la nage avec ses pensions.

⸺⸺◆⸺⸺

Pauvre Hercule, comme on vous en fait accroire !
(Les Oiseaux d'Aristophanes.)

La proie manque au lion plus souvent qu'au renard.
(PANCHA TANTRA.)

Voyez les rois étrangers eux-mêmes; au bruit de la chute de Charles X, ils avaient cru toucher à leur dernière heure; mais telle a été leur adresse à diriger un événement qui devait les perdre, que du chef même de la révolution de juillet, ils se sont fait un allié contre les révolutions !

Quand la Belgique insurgée cria : « Vive la république et vive la France! » leur embarras fut extrême ; et vous voyez qu'aujourd'hui les Belges ne sont ni républicains ni Français.

Que vous prouvent les mouvemens des Polonais et des Italiens? le courage des patriotes, sans doute, mais ils prouvent bien mieux encore l'habileté des rois à se tirer des plus mauvais pas.

En Grèce, même succès.

Là où les patriotes croyaient avoir semé de la république, les rois ont fait pousser une monarchie. Et quels sont ceux qui doivent payer les frais de culture, évalués à soixante millions ? Ceux-là même qui avaient semé de la république.

En vérité, je vous le dis,

Frappez, et on vous ouvrira.
Demandez, et vous recevrez.

Enfin les députés ministériels, à qui vous reprochez si justement d'avoir mal compris vos intérêts, ont parfaitement compris ceux de leurs familles. Leur habileté à éclairer le gouvernement sur le mérite de leurs proches a été parfaite ; leur adresse à révéler les vertus cachées de leurs amis a été merveilleuse ; et si quelques-uns ont compromis leur avancement par une opposition maladroite, il faut convenir que ces bévues ont été rares, et que plusieurs même ont été réparées.

En vérité, je vous le dis,

La royauté, la pairie, le ministère, le parti doctrinaire, l'émigration, la sainte-alliance, la majorité actuelle et l'armée administrative, tous ont su exploiter les événemens, tous ont arrondi doucement leur petite fortune ; tout le monde, en un mot, a profité de la révolution, excepté les patriotes qui l'ont faite, et le peuple qui l'a payée ; voilà.

> Les Arabes s'étonnaient en voyant Godefroy de Bouil-
> lon assis par terre ; le vainqueur leur dit tristement :
> la terre n'est-elle pas bonne pour nous servir de siége
> quand nous allons rentrer pour si long-temps dans son
> sein.
>
> (MICHELET, *Histoire de France.*)

Et toi, bon peuple de France, Jacques Bon-homme, écoute : tu trouvais accablant le budget de Charles X, on l'a augmenté d'un tiers ; tu voulais du repos, et tu as eu les émeutes ; tu voulais que la loi fût la même pour tous, et tu as eu les illégalités de Blaye ; tu voulais un trône entouré d'institutions populaires, et le trône veut s'entourer de bastilles ; tu voulais une pairie nationale, et tu as une pairie ministérielle ; tu ne voulais pas de coups d'état, et tu as eu l'état de siége. Au dehors, tu voulais reprendre la Belgique, rebâtir Huningue, dissoudre la sainte-alliance, affranchir l'Italie, sauver la Pologne, et tu n'y réussiras pas ; et, au contraire, tu aurais voulu ne pas payer les frais d'occupation de la Morée, les frais de séjour en Italie, les frais de l'expédition de Portugal, les frais de la première expédition de Belgique, les frais du siége d'Anvers, les frais de l'emprunt grec, et tu les paieras ; il te sera prouvé que, si en France il y a tantôt des citoyens, tantôt des sujets, tantôt des administrés, tantôt des habitans, il y a toujours, avant tout et surtout, des contribuables.

Jacques Bonhomme, écoute encore ceci :

La Russie, en s'incorporant la Pologne, s'est 1° délivrée d'un ennemi ; 2° a augmenté le nombre de ses soldats ; 3° s'est rapprochée de nous d'un espace de cinquante lieues. Un traité récent a fait de la Porte-Ottomane la vassale et la feudataire de la Russie, et ce n'est point Icilius qui te dit cela, c'est ton gouvernement lui-même.

La Turquie, qui était, après la Pologne, notre second boulevard contre la Russie, a été dépecée au profit du pacha d'Égypte, du roi Othon, et de la Russie elle-même.

A voir, d'un autre côté, ce qui se passe aujourd'hui en Piémont, il est aisé de reconnaître que la politique de Milan est devenue celle de Turin, que Charles-Félix s'est fait l'homme-lige de François, et que les Autrichiens poussent à travers la Sardaigne une reconnaissance jusqu'à nos frontières.

Quand on réfléchit à ce qui vient de se passer à la diète de Francfort, et qu'on suit la marche rétrograde des petits États de l'Allemagne, il est encore aisé de voir que la sainte-alliance a passé par là, et que l'ennemi s'avance vers nous de l'autre côté du Rhin.

La Prusse, en étendant sa ligne de douanes, étend par là même son influence politique, et se fraye, avec ses commis, une route pour ses soldats, en même temps qu'elle crée à son profit un principe d'unité germanique que doit développer l'avenir.

Ajoutons qu'il est difficile que le Portugal, la Hollande, la Suède et Naples nous témoignent une grande bienveillance.

Il nous paraît donc que la France est entourée d'ennemis, que le cercle où ils la renferment se rétrécit par degrés, qu'ils s'avancent avec précaution il est vrai, et dans un horizon lointain, mais avec une irrésistible et fatale persévérance, et que s'ils ne sont pas encore visibles pour les habitans de la plaine, ils le sont déjà pour ceux qui se tiennent sur les hauteurs.

Dirons-nous que s'il était attaqué par les rois, notre gouvernement ne pourrait compter sur la sympathie des peuples étrangers qu'il a trompés.

Dirons-nous qu'il a refroidi parmi nous-mêmes cet enthousiasme de la révolution qui faisait sa force, et que s'il parvient à l'étouffer entièrement, les rois, qui l'y excitent, le paieront par la guerre de la docilité qu'il leur montre pour la détourner.

Dirons-nous que la révolution de juillet a besoin d'une garde, que la solitude ne lui est pas bonne, et que notre arbre de liberté, s'il s'élève seul dans le champ politique, y sera frappé par la foudre.

Dirons-nous enfin que si la guerre a lieu, les gens de bon sens devront en accuser non les patriotes qui l'auront prédite, ni les rois qui nous la feront, mais le ministère qui, en nous laissant sans frontières, sans alliés et désunis, a donné à nos ennemis la pensée de nous attaquer par le seul spectacle de notre faiblesse.

Qu'on ne s'y trompe point, les rois étrangers ne peuvent aimer le nôtre; ils le craignent, donc ils le haïssent : la conséquence est rigoureuse.

Ils n'ont point renoncé à l'attaquer par affection pour lui, mais par crainte de la révolution qui avait frappé Charles X, et qui les menaçait eux-mêmes.

Le gouvernement, dit-on, a maintenu la paix et tenu les rois à distance. Nous n'entendons pas nier le fait, mais l'expliquer ; et nous disons que si Louis-Philippe se fût montré seul aux étrangers, sans avoir à ses côtés le lion de juillet prêt à rugir les révolutions, sa vue eût produit moins d'effet.

Si le gouvernement réussit dans le projet qu'il poursuit, et s'il parvient à briser les dents du terrible animal, qu'il accuse et qui lui sert de garde, il devra se mettre en défense; la guerre ne sera pas loin ; alors on reconnaîtra pourquoi les rois, qui trouvaient un auxiliaire dans Louis-Philippe, l'ont d'abord ménagé ; alors on comprendra pourquoi on lui a laissé le loisir de frapper l'ennemi commun ; alors on verra que la nature de la paix actuelle était précisément ce qui rendait la guerre inévitable, et qu'il faut accuser du danger de la patrie, ceux-là même qui se vantent de l'avoir sauvée.

Ici l'on peut répéter ce qui a été dit il y a un an : Demanderons-nous la réforme du gouvernement à la royauté qui l'a rendue nécessaire? à la pairie qui n'y peut rien? au ministère qui s'applaudit de ce qu'il a fait? à la majorité actuelle des députés qui a tout sanctionné? non sans doute, et c'est ailleurs qu'il faut chercher des réformateurs.

LE PACHA.

Quand ils me contrarient, je leur fais tout bonnemen couper la tête : je trouve que cela tranche les difficultés.

Pour trouver un remède au mal, le parti républicain n'est point embarrassé ; il n'a aucun doute, il n'hésite point; sa devise est celle de César : « Soldat, frappe au visage. » Ce qu'il croit utile avant tout et sur tout, c'est de sabrer la monarchie ; son vote sur son compte est celui de l'abbé Seieyès : « La mort sans phrases. »

Les légitimistes ne sont pas moins positifs. Que l'on rétablisse Henri V, disent-ils, et la France est sauvée; en rendant au royal orphelin sa couronne et ses conseillers, il n'y a plus ni opposition, ni difficultés, ni périls, cela est évident.

Ce n'est point ici le lieu d'examiner l'efficacité de pareils moyens, il nous suffit de savoir qu'on n'y peut recourir sans révolutions, et que les révolutions échouent parfois, mentent souvent, et coûtent toujours fort cher.

Les révolutionnaires commencent par flatter de la voix et du geste le coursier populaire, et puis, au moment où le noble animal est sans défiance, zeste, ils lui sautent sur le dos et lui disent : Allons !

Il vous souvient des révolutions du 14 juillet, du 10 août, du 9 thermidor, du 18 brumaire et de leurs belles promesses ;

Il vous souvient du consulat à vie, de l'empire, de la restauration, des cent jours, de 1815 et de leurs beaux sermens ;

Il vous souvient de Louis XVI, de Mirabeau, de La Fayette, de Vergniaud, de Danton, de Buonaparte, du noble caractère des uns et du beau génie des autres, et néanmoins toutes ces belles révolutions ont failli, tous ces grands hommes n'ont pu vous sauver.

Attendez-vous mieux de l'accouchée de Blaye et de la société des droits de l'homme ?

Il est donc sage de renoncer aux révolutions, qui comme les fusées ne font beaucoup de bruit et ne brillent un moment que pour mourir bientôt au milieu de la fumée.

Mais, dira-t-on, vous n'osez compter pour

nous sauver ni sur la royauté, ni sur la pairie, ni sur la majorité actuelle, ni sur le ministère, et en outre vous n'êtes ni républicain, ni carliste; vous ne voulez ni intervention étrangère, ni vote universel, ni révolution intérieure. Que voulez-vous donc?

Nous allons vous le dire :

> Il est impossible de supposer que Dieu, qui est un être sage, ait mis une âme pensante dans un corps tout noir; les nègres ont d'ailleurs les cheveux si crépus, et le nez si écrasé, qu'il est impossible de les plaindre.
>
> (*Esprit des lois.*)

Il y a dans le monde politique une classe d'hommes dont les autres tiennent assez peu de compte.

Son influence est purement morale et s'étend à peu de personnes.

Les hommes qui la composent passent généralement pour des hommes atrabilaires et insociables, et il est certain qu'ils n'ont pu vivre en bonne intelligence avec aucun des admirables gouvernemens que nous avons eus depuis quarante ans.

L'empereur, en plein conseil d'état, les traita un jour d'idéologues. Ils n'ont jamais été bien remis d'un coup aussi rude.

Une grande raison de les juger indignes de la confiance du peuple, c'est la défiance qu'ils inspirent à tous les rois.

L'obstination qu'ils mettent à soutenir toujours les mêmes opinions est déplorable, et prouve évidemment qu'ils sont des gens à idées fixes.

Comme ils ne veulent ni de l'ancien régime, ni de la république, ni du juste-milieu, il est naturel de penser qu'ils ne savent ce qu'ils veulent.

Ils ont contribué à fonder la monarchie de juillet, et ils se font aujourd'hui ses adversaires ; ils se prétendent amis du peuple, et ils lui refusent le suffrage universel ; ils sont hostiles au gouvernement du prince, et ils lui ont donné la plus belle couronne de l'univers. Quelles étranges contradictions !

Quoi, malheureux ! leur dit le ministère, en raisonnant comme un célèbre archevêque, vous voulez renverser le ministère et son système, quand l'un et l'autre sont le seul frein du parti républicain que vous craignez comme nous, et ont bien de la peine encore à le contenir ; malgré notre zèle à propager les doctrines monarchiques, malgré l'activité de notre police et de nos poursuites judiciaires, malgré les rudes leçons que nous avons données aux républicains de Grenoble, de Lyon et de Paris, leur parti remue et s'agite sans cesse ; que serait-ce s'il était abandonné à lui-même ?

A ce reproche accablant, les hommes dont je parle ne peuvent opposer que la réponse suivante, encore est-elle d'emprunt.

Le système à l'aide duquel vous prétendez repousser le parti républicain est précisément ce qui l'a fait naître, ce qui l'entretient, et ce qui peut-être le ferait triompher, s'il n'était arrêté par nous que vous accusez de le favoriser ; vous vous vantez d'être un obstacle au mal, nous pensons, nous, que vous en êtes la cause.

Les hommes qui méritent ces graves reproches et qui font cette pitoyable réponse, ce sont nos hommes.

Et au contraire, ces hommes admirables dont l'humeur douce a plu à tous les gouvernemens, et qui ont aussi trouvé tous les gouvernemens parfaits, les hommes qui ont assisté avec un égal enthousiasme aux messes de la fédération, aux séances du sénat conservateur, aux processions de Charles X, aux auto-da-fés du drapeau tricolore, aux conseils de Gand, aux réunions Laffitte, aux ventes de Carbonari, sont des hommes que nous nous empresserions de congédier si nous en avions le pouvoir et avec un véritable regret d'avoir attendu si tard.

La majorité actuelle est une de ces majorités telles qu'en ont eu l'empire et la restauration ;

réunion de gens pacifiques, prêts à répondre indifféremment aux appels de tous les bergers ministériels, hommes de bon vouloir et d'intentions pures, et qui, en croyant voter le repos des rois leur votent les voyages de l'île d'Elbe, les voyages de Gand et les voyages de Cherbourg.

LE MAITRE DES REQUÊTES.
La royauté aura ses forts.
L'HOMME DU PEUPLE.
Oui, mais c'est le peuple qui y tiendra garnison.

En résumé, l'opposition du centre gauche nous paraît avoir saisi seule et rendu la pensée du pays ; son drapeau nous paraît le drapeau national ; son interprète nous paraît un de ces hommes auxquels le génie de la patrie a donné la science du bien et du mal politique. Cette opposition est par sa modération le véritable juste-milieu, car elle ne veut exagérer ni le pouvoir par des illégalités, ni la liberté par le vote universel.

Elle est franche, car elle a nettement rompu avec la quasi-république du programme et la quasi-légitimité du ministère actuel.

Elle est forte de sa conduite passée, car elle a d'abord dédaigné la faveur du prince pour rester fidèle à la défense des intérêts populaires, et depuis elle a dédaigné la popularité pour rester fidèle à la monarchie.

Elle est forte de son système, car elle n'emploie pour arriver au pouvoir que des moyens parlementaires et qui lui serviraient à le conserver.

Elle est nationale, car au lieu de fuir la guerre comme le fait l'administration actuelle ou de la provoquer comme le demande la république, elle voudrait l'attendre sans la désirer ni la craindre.

Hommes du ministère, l'opposition eût comme vous donné la volonté du peuple pour base à la royauté; mais elle n'eût pas comme vous présumé les votes au lieu de les recueillir; elle eût comme vous soustrait les élections parlementaires aux passions insensées de la multitude, mais elle les eût soustraites avec autant de soin aux influences mesquines et calculatrices des petites localités; elle eût comme vous imposé le serment aux fonctionnaires, elle n'eût osé l'imposer aux électeurs; elle eût comme vous fait feu sur les rebelles, mais elle n'eût pas lâchement ordonné aux médecins de les livrer; elle eût comme vous arrêté la duchesse de Berri, mais elle n'eût pas comme vous embouché le porte-voix du *Moniteur* pour révéler à l'Europe la honte d'une femme, et pour crier à haute voix : Oyez tous, la veuve du duc de Berri, la nièce du roi des Français est enceinte!

L'opposition eût comme vous cherché à s'appuyer sur la majorité; mais elle n'eût point dit au député fonctionnaire : Homme du ministère, je te frappe de paralysie politique ; tu pourras encore voter, mais non parler contre moi ; ta main pourra encore faire de l'opposition , ta bouche ne le pourra plus. Enfin elle eût comme vous peut-être froissé des intérêts, encouru des haines et commis des fautes, mais elle n'eût rien fait de honteux ou de lâche ; elle eût parlé haut, marché droit et marché en avant ; elle eût assuré au ministère la plus grande des forces , la force morale ; à la royauté la plus belle des dotations, le respect des pays ; au gouvernement tout entier la plus sûre des lumières, celle de la conscience ; et si son gouvernement se fût trompé, il eût été du moins un honnête homme.

La république avait voulu faire de la France un club , l'empire une caserne , la restauration un couvent ; le juste-milieu essaie d'en faire un atelier ; l'opposition se fût imposé toute la tâche que ses prédécesseurs se sont partagée ; elle n'eût voulu le règne exclusif ni de la liberté , ni de la gloire, ni de la religion, ni de l'industrie, mais la jouissance modérée de tous ces biens réunis , et qu'on n'aura jamais sous le ministère actuel , parce que le bien moral n'est pas à sa portée.

Électeurs , nous vous le disons d'avance , il vous appartient de réaliser les vœux de l'opposition.

La royauté ne peut rien, et, disons-le à sa louange, la royauté ne veut rien sans les deux chambres; et celle des deux assemblées qui domine l'autre par le vote du budget, est dominée par vous qui allez la renouveler. Vous pouvez donc, par le seul changement de la majorité actuelle, renverser le ministère, avertir la royauté, et donner au pays ce qui lui manque, sans compromettre ce qu'il possède.

Et toutefois nous sommes loin de vouloir nous le cacher à nous-mêmes et aux autres, la faiblesse numérique de l'opposition est déplorable; beaucoup de ses chefs l'ont abandonnée par découragement; d'autres sont passés à l'ennemi par ambition, et son camp est presque désert; ses audacieux orateurs, qui autrefois lançaient du haut de la tribune des paroles si puissantes, et qui remuaient à une si grande profondeur les masses populaires, semblent ranimer vainement pour elle *les restes d'une voix qui tombe et d'une ardeur qui s'éteint.* On dirait que le parti libéral ait épuisé ses forces dans le combat des trois jours, et qu'il n'ait vaincu que pour mourir. Dans ses rangs les plus avancés, de nobles cœurs ont failli, de stoïques caractères se sont démenti. Où sont ces belles âmes que naguère divinisaient nos illusions? Que sont devenus ces sages à la lumière desquels nous marchions dans une autre espérance?

Certes, il y a dans le spectacle de tant de fautes et de corruption quelque chose de triste; en voyant ceux-là nous trahir qui furent autrefois notre pensée de chaque jour, notre plus douce espérance, on se sent au fond du cœur une inconcevable amertume, et l'on gémit sur la fragilité des vertus humaines.

Mais la foi se ranime par le malheur, et nous rêvons, en succombant aux Thermopyles, le triomphe de Salamine.

Cette opposition que ses ennemis croient frappée à mort, est le principe même de la vie sociale; son armée si affaiblie est la phalange sacrée des immortels, sa cause est la cause même de l'humanité qui ne doit pas périr; non, sans doute, dans le pays qui l'a le mieux défendue, cette cause ne sera point perdue; les déceptions ne prévaudront pas contre elle, le pouvoir ouvrira les yeux, la lumière se fera un jour; car si la France est le pays le plus facile à tromper, elle est aussi le pays le plus difficile à tromper longtemps.

Le moment approche où l'on répétera les mots de Richelieu : Le roi a changé de conseil, et le conseil a changé de maximes.

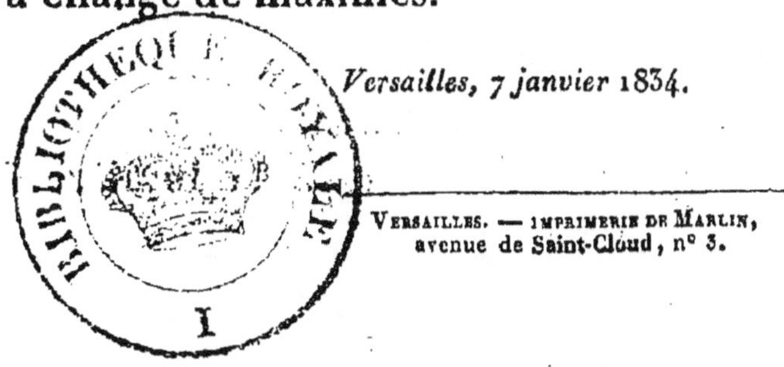

Versailles, 7 janvier 1834.

VERSAILLES. — IMPRIMERIE DE MARLIN,
avenue de Saint-Cloud, n° 3.

www.ingramcontent.com/pod-product-compliance
Lightning Source LLC
Chambersburg PA
CBHW051400060726
47596CB00005B/2011